Elfie Bohne

Fensterbilder

für jeden Monat

ENGLISCH
VERLAG

Die Deutsche Bibliothek - CIP-Einheitsaufnahme
Fensterbilder für jeden Monat / Elfie Bohne. -
Wiesbaden: Englisch, 1995
ISBN 3-8241-0613-2

ISBN 3-8241-0613-2
Fotos Axel Weber
Printed in Germany

Die Ratschläge in diesem Buch sind von Autorin und Verlag sorgfältig erwogen und geprüft, dennoch kann eine Garantie nicht übernommen werden. Eine Haftung der Autorin bzw. des Verlages und seiner Beauftragten für Personen-, Sach- und Vermögensschäden ist ausgeschlossen. Eine gewerbliche Nutzung der Vorlagen und Abbildungen ist verboten und nur mit ausdrücklicher Genehmigung des Verlages gestattet.

Inhaltsverzeichnis

Vorwort 5
Material und Werkzeug 6
Grundsätzliches 6
Monate 7
Januar 7
Februar 8
März 9
April 10
Mai 11
Juni 12
Juli 13
August 14
September 15
Oktober 16
November 17
Dezember 18
Frühling 19
Blumen-Mobile 19
Ostern 20
Sommer 21
Schmetterlings-Mobile 21
Maus 22
Herbst 24
Früchte-Mobile 24
Regenschirm 25
Winter 26
Schneemänner-Mobile 26
Advent 27
Weihnachten 28
Silvester 29
Namen 30
Ruth 30

Vorwort

Fensterbilder sind ein effektvoller und zudem preiswerter Fensterschmuck, der sich ohne großen Aufwand schnell herstellen läßt.
In diesem Buch finden Sie eine Reihe von verschiedenen Motiven: fröhlich-bunte Monatsnamen, Mobiles für jede Jahreszeit und viele weitere tolle Ideen zur Gestaltung von Fenstern und Zimmern.
Die einzelnen Motive haben unterschiedliche Schwierigkeitsgrade, so daß für jeden Bastler das richtige dabei ist. Auch kleinere Kinder können mit Ihrer Hilfe schon ganz tolle Fensterbilder basteln, auf die sie sehr stolz sein werden.
Aus den einzelnen Buchstaben lassen sich übrigens auch ganz einfach andere Worte zusammensetzen, wie zum Beispiel Namen, „Herzlichen Glückwunsch“ usw. Ihrer Phantasie sind also keine Grenzen gesetzt.
Viel Spaß beim Basteln wünscht Ihnen

Elfie Bohne

Material und Werkzeug

Alle Modelle in diesem Buch sind aus Tonkarton (ca. 240 g/m^2) gearbeitet. Zum Ausschneiden benötigen Sie eine spitze Schere oder ein Hobbymesser. Ein Alleskleber (ohne Lösungsmittel) eignet sich zum Zusammenkleben am besten. Tragen Sie den Kleber bitte sparsam auf, weil überschüssiger Kleber sehr leicht an den Motivrändern herausquillt. Mit einem Locher lassen sich wunderbar kleine Kreise ausstanzen, die man z.B. als Konfetti oder Schneeflocken aufkleben kann. Zum Aufhängen benötigen Sie eine dünne Angelschnur (0,12 mm). Bevor Sie ans Werk gehen, sollten Sie sich alles, was Sie benötigen, bereitlegen:

- Tonkarton
- Schere
- Hobbymesser
- Alleskleber
- Filzstifte
- Bleistift
- Schneideunterlage
- Angelschnur

Grundsätzliches

Fertigen Sie von jedem Teil eine Schablone an.
Am besten drücken Sie mit einem Kugelschreiber die Vorlage auf den Tonkarton durch und zeichnen sie anschließend mit einem weichen Bleistift nach. Mit einer Schablone können Sie ein Modellteil beliebig oft herstellen. Soll ein Motiv frei im Raum hängen, müssen Sie einige Teile doppelt ausschneiden. Dies geht am einfachsten, indem Sie zwei Tonkartonstücke mit einem Bürohefter zusammenheften. So können Sie ein Teil bequem doppelt arbeiten. Achten Sie beim Zusammenkleben der Einzelteile auf die im Text angegebene Reihenfolge. Nach der Fertigstellung des Modells übertragen Sie die Bemalung von der Abbildung mit einem Filzstift.

Monate

1. Januar

Schneiden Sie die einzelnen Teile der Januar-Schneemänner aus, und kleben Sie diese zusammen. Die fertigen Figuren kleben Sie auf bzw. hinter den jeweiligen Buchstaben. Die Hände der Schneemänner auf dem „A“ und dem „R“ werden zum Schluß direkt auf die Buchstaben geklebt.

2. Februar

Verfahren Sie beim Monat Februar mit den Einzelteilen wie beim Januar, den Februar verzieren Sie ferner mit „Konfetti“, das man sehr schnell mit einem Locher herstellen kann. Die Krokusse werden auf bzw. von hinten an den Buchstaben befestigt. Wenn Sie die Luftballons festgeklebt haben, dürfen Sie nicht vergessen, diesen ein lustiges Gesicht mit einem Filzstift zu malen.

3. März

Den März verzieren Sie mit den ersten Frühlingsblumen und kleinen Küken. Kleben Sie zuerst die Einzelteile der Blumen zusammen, und befestigen Sie diese dann auf bzw. hinter den Buchstaben. Wenn Sie die Küken auf das „M“ geklebt haben, malen Sie den Küken Augen und Beine mit einem schwarzen Filzstift.

4. April

Für den Ostermonat April schneiden Sie viele Ostereier und Osterhasen aus. Die Ostereier kleben Sie entweder direkt auf die Buchstaben oder von hinten gegen ein Stückchen „Gras“ und befestigen dieses auf den Buchstaben. Die Osterhasen sind bis auf die Füße aus einem Stück gearbeitet. Nachdem Sie die Hasen auf die Buchstaben geklebt haben, befestigen Sie die Füße der Hasen.

5. Mai

Den Wonnemonat Mai verzieren Sie mit zwei lachenden Sonnen auf dem „M“ und dem „I“, mit saftig grünen Blättern und Gras. Den Ast befestigen Sie von hinten am „A“ und kleben die einzelnen Blätter dann daran fest. Auf die „Füße“ der Buchstaben kleben Sie das Gras.

6. Juni

Zum Monat Juni passen Schmetterlinge und Beeren. Schneiden Sie die Teile der Erdbeeren und Himbeeren aus, und kleben Sie die Beeren ohne Blätter und Stengel auf die Buchstaben. Als nächstes befestigen Sie die Stengel und Blätter mit etwas Kleber an den Beeren. Da die Schmetterlinge aus einem Stück bestehen, können Sie diese direkt auf die Buchstaben kleben.

7. Juli

Den Sommermonat Juli bekleben Sie mit vielen bunten Blüten. Der Klatschmohn besteht aus einer Blüte und einer Knospe. Die Knospe kleben Sie von hinten an den oberen Teil des Stengels. Die Blüte befestigen Sie auf dem Stengel. Der untere Teil der Pflanze wird von hinten an das „U" geklebt, den oberen Teil der Blätter befestigen Sie jedoch auf dem „U".
Die anderen Blüten verteilen Sie ganz nach Ihrem Geschmack auf den anderen Buchstaben.

8. August

Der Monat August wirkt am besten, wenn Sie ihn mit vielen Obstsorten verzieren. Die Kirschen, Pflaumen, Äpfel und Birnen kleben Sie nach dem Ausschneiden zunächst an ihren Stengeln fest und befestigen danach die fertigen Früchte auf den Buchstaben. Bei den Pflaumen kleben Sie zum Schluß die Blätter an.

9. September

Im September beginnt der Herbst, deshalb bekleben Sie diesen Monat mit Herbstfrüchten, -blumen und Igeln. Wie beim August schneiden Sie zuerst die Früchte bzw. Blüten aus und kleben diese auf ihre Stengel. Danach befestigen Sie die fertigen Früchte bzw. Blüten direkt auf den Buchstaben. Die Pflanzen kleben Sie mit dem unteren Teil von hinten an den Buchstaben fest. Die kleinen Igel setzen Sie so auf die Buchstaben, wie es Ihnen am besten gefällt.

10. Oktober

Der Oktober ist ein Monat, den Sie mit vielen herbstlichen Motiven bekleben können. Die Kürbisse, bunten Blätter, Drachen, den Mond und die Sterne befestigen Sie direkt auf den Buchstaben. Jetzt zeichnen Sie mit einem Filzstift eine Drachenleine auf und kleben auf diese viele bunte Schleifen. Schneiden Sie die Teile der Haselnüsse aus, und kleben Sie diese zusammen. Die fertigen Nüsse kleben Sie nun auf den Buchstaben.

11. November

Für den Schmuddelwetter-Monat November schneiden Sie Wolken, Blätter, Regenschirme, Tropfen und Gummistiefel aus und kleben diese auf die Buchstaben. Die gelbe Laterne und die Schirme müssen Sie zuerst an bzw. auf die Stöcke kleben und anschließend auf die Buchstaben setzen. Zum Schluß malen Sie mit einem Filzstift den kleinen Laternen Stöcke direkt auf den Buchstaben. Beim Mond und den Wolken vergessen Sie bitte nicht, ein Gesicht aufzumalen.

12. Dezember

Für den Monat Dezember bieten sich weihnachtliche Motive an. Schneiden Sie farbige Rechtecke aus Karton aus, und zeichnen Sie auf diese Schleifenbänder. Danach ordnen Sie die Pakete nach Ihren Vorstellungen auf den Buchstaben an. Die Weihnachtskugeln und die roten Kerzen befestigen Sie auf den Buchstaben und bemalen die Kugeln mit Filzstiften. Die roten Adventskerzen kleben Sie nach dem Ausschneiden auf die Buchstaben. Danach befestigen Sie das Tannengrün quer über den unteren Teil der Kerzen. Zum Schluß müssen Sie den Kerzen mit Filzstiften eine Flamme malen.

Frühling

13. Blumen-Mobile

Die Tulpen bestehen aus mehreren Teilen. Kleben Sie die schmalen Blütenteile auf die Mitte der Blüten. Danach befestigen Sie die fertigen Blüten an den Stengeln und diese wiederum von hinten an den Blättern. Nach dem gleichen Prinzip fertigen Sie die Osterglocken. Die Blüten und Ostereier kleben Sie auf die Grasbüschel, der Hase wird in einem Stück ausgeschnitten. Wenn Sie alle Motive fertiggearbeitet haben, nähen Sie diese mit Nadel und Faden zu einer langen Reihe zusammen. Mit einem Filzstift malen Sie dem Osterhasen ein freundliches Gesicht.

14. Ostern

Da zu Ostern einfach bunte Ostereier gehören, können Sie diese hier gleich reihenweise ausschneiden. Nach dem Ausschneiden bemalen Sie die Ostereier mit bunten Mustern. Dann kleben Sie die ausgeschnittenen Buchstaben auf die Eier. Zum Schluß schneiden Sie aus grünem Karton Gras aus und kleben dieses am unteren Teil der beiden Ostereierreihen fest. Jetzt können Sie die beiden Ostereierreihen aneinander befestigen oder jede Reihe einzeln aufhängen.

15. Schmetterlings-Mobile

Zum Ausschneiden der Schmetterlinge brauchen Sie ein scharfes Hobbymesser und etwas Fingerspitzengefühl. Bei den Erdbeeren kleben Sie zwei Blätter in verschiedenen Grüntönen übereinander. An den unteren Teil der Blätter kleben Sie zwei große, rote Erdbeeren. Zum Schluß setzen Sie noch zwei weiße Blüten auf die Blätter. Die Himbeeren und Kirschen kleben Sie an den Stengeln fest. Wie beim Frühling stellen Sie aus den Motiven eine lange Reihe her.

16. Maus

Schneiden Sie aus gelbem Karton einen Ring mit einem Durchmesser von etwa 11 cm und einer Stärke von 1 cm aus. An den unteren Teil des Ringes kleben Sie zwei Kornähren und bemalen diese mit einem Filzstift. Stellen Sie jetzt die Maus her. Nase, Ohr und Füße schneiden Sie aus pinkfarbenem Karton aus und kleben die Teile an den grauen Mauskörper. Mit einem Filzstift malen Sie der Maus Augen und Mund. Zum Schluß kleben Sie die Maus auf dem unteren Teil des Ringes fest.

17. Früchte-Mobile

Schneiden Sie wie beim August erst alle Teile der Früchte aus, und kleben Sie diese an den Stengeln und Blättern fest. Die braunen Haselnüsse befestigen Sie von hinten an ihren Blättern. Dem Eichhörnchen malen Sie mit einem Filzstift Arme, Beine und ein Gesicht auf. Mit Nadel und Faden nähen Sie das Ganze zu einer Reihe zusammen.

18. Regenschirm

Aus gelber Pappe schneiden Sie das große Schirmteil aus und kleben darauf das braune Mittelteil fest. Den fertigen Schirm befestigen Sie auf dem Schirmstock. Das Wort NOVEMBER arbeiten Sie aus einem Stück und setzen dieses auf die Mitte des Schirmstockes. Jetzt schneiden Sie aus dunkelblauem Karton Regentropfen aus und verstreuen diese auf dem Schirm und dem Wort NOVEMBER.

19. Schneemänner-Mobile

Die fertig ausgeschnittenen Schneemänner bemalen Sie mit lustigen Gesichtern. Danach kleben Sie auf jedem Schneemannkopf eine Mütze bzw. einen Hut fest. Mit einem Locher knipsen Sie rote Kreise aus und kleben diese auf die grünen Ilexblätter. Auch hier verbinden Sie die Motive mit einem Nähfaden zu einer Reihe.

20. Advent

Schneiden Sie vier verschieden große Kerzen aus weißem Karton aus und kleben diese an den gelben „Flammen“ fest. Das Wort ADVENT wird in einem Stück aus rotem Karton geschnitten. Die erste und die vierte Kerze kleben Sie rechts und links auf den Buchstaben fest. Die zweite und die dritte Kerze befestigen Sie von hinten an den Buchstaben. Mit einem schwarzen Filzstift malen Sie Dochte auf die Kerzen.
Die abgebildeten zwei Adventsreihen können Sie auch aus anderen Materialien, wie z.B. Moosgummi oder dünnem Holz arbeiten. Schneiden Sie das Wort Advent einmal aus rotem und einmal aus weißem Karton aus. Kleben Sie das rote ADVENT etwas schräg verschoben auf das weiße ADVENT.

21. Weihnachten

Schneiden Sie die beiden Wörter in einem Stück aus rotem Karton aus. Knipsen Sie mit einem Locher rote „Kugeln" aus, und kleben Sie diese mit wenig Klebstoff auf die aus grünem Karton geschnittenen Weihnachtsbäume. Mit den Weihnachtsbäumen können Sie die Wörter verbinden. Dafür gibt es verschiedene Möglichkeiten. Sie können die Schriftzüge mittels der Bäume übereinander oder in einer Reihe befestigen. Dazu kleben Sie einen Baum vor das Wort FROHE, einen Baum zwischen FROHE und WEIHNACHTEN. Wenn Sie möchten, können Sie zusätzlich noch einen Baum an das Ende des Wortes WEIHNACHTEN kleben.

22. Silvester

Aus einem Stück goldfarbenem Karton schneiden Sie ein „Knallbonbon“ aus. Auf dieses kleben Sie die aus silberfarbenem Karton einzeln ausgeschnittenen Buchstaben SILVESTER. Lassen Sie die Buchstaben ruhig ein wenig aus der Reihe tanzen. Befestigen Sie nun die vier Ballons aneinander, und kleben Sie diese am Knallbonbon fest. Zum Schluß setzen Sie die Jahreszahlen auf die Ballons. Besonders festlich wirkt das „Silvesterbonbon“, wenn Sie die beiden Enden mit gold- und silberfarbenem Band umwickeln.

Namen

Buchstaben, wie die, die Sie für die Monatsnamen gebastelt haben, können Sie auch zu jedem beliebigen anderen Wort zusammensetzen, z.B. zu den Namen Ihrer Kinder.

23. Ruth

Für die Bären schneiden Sie die Körper aus braunem Tonpapier aus. Die orangen Arme und Beine kleben Sie auf bzw. hinter die Körper. Dann malen Sie den Bären lustige Gesichter. Beim „U“ befestigen Sie zuerst den fertigen Schirm auf dem Buchstaben und kleben dann den Bären darauf. Den Bären,

der den Drachen steigen läßt, kleben Sie so von hinten an das „T“, als wollte er sich verstecken. Mit einem Filzstift malen Sie eine Drachenschnur und kleben auf diese bunte Schleifen. Den Schlitten vom „H“ befestigen Sie von hinten am Bärenunterteil und kleben alles zusammen auf den Buchstaben.

ENGLISCH VERLAG kreativ

ISBN 3-8241-0612-4
Broschur, 32 S., Vorlageb.

ISBN 3-8241-0680-9
Broschur, 32 S., Vorlageb.

ISBN 3-8241-0644-2
Broschur, 32 S., Vorlageb.

ISBN 3-8241-0643-4
Broschur, 32 S., Vorlageb.

ISBN 3-8241-0682-5
Broschur, 32 S., Vorlageb.

ISBN 3-8241-0653-1
Broschur, 64 Seiten